AF380702

BALANCED SCORECARD

Verilerinizi başarıya giden bir yol haritasına dönüştürün

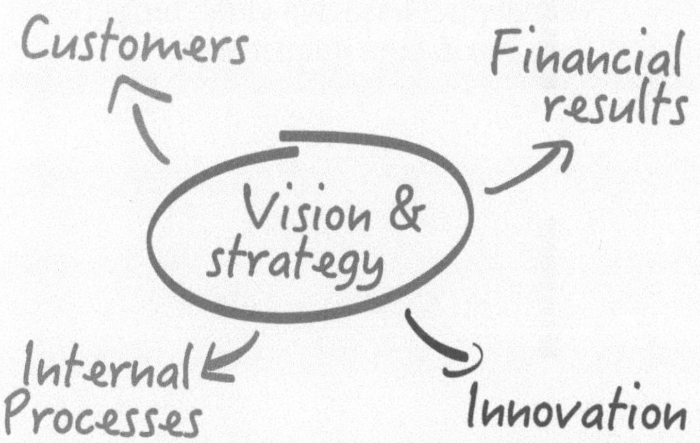

50MINUTES.com

BALANCED SCORECARD

Verilerinizi başarıya giden bir yol haritasına dönüştürün

tarafından yazılmıştır Alice Sanna
tarafından çevrildi Baris Şahin

BALANCED SCORECARD

ANAHTAR BİLGİLER

- **Adı:** Dengeli Puan Kartı (BSC)

- **Kullanım:** Kurumsal Karne bir kuruluşun uzun vadeli hedeflerini günlük faaliyetlerine bağlar. Stratejik düşünme için bir araçtır ve kuruluşun genel yaklaşımına uyacak şekilde uyarlanabilir.

- **Neden başarılıdır?** Balanced Scorecard yöneticilere, çalışanlara ve hissedarlara şirketin finansal ve finansal olmayan yönlerine dayalı kapsamlı bir görünümünü sunar. Kurumsal Karne, şirketin kısa ve uzun vadeli hedeflerini ve stratejilerini netleştirir. Ayrıca günlük faaliyetler ile şirketin genel vizyonu arasında tutarlılık sağlar.

- **Anahtar kelimeler:**
  - <u>Gösterge</u>: Belirli bir zaman için bir değişkenin (ekonomik, finansal, vb.) değişimini açıklayan nitel veya nicel bilgi.
    - <u>Bir araç göstergesi, bir</u> hedefe ulaşmak için gerekli olan veya olacak kaynakları hesaplar.
    - <u>Bir performans göstergesi</u> şirketin performansını ölçer.
  - <u>Performans</u>: Şirketin uygun kaynakları kullanarak hedeflerine daha düşük maliyetlerle ulaşma becerisi.

○ <u>Değişken</u>: İçinde geliştiği gruba/çevreye göre farklı değerler alabilen bir unsur.

GİRİŞ

Tarihçe ve bağlam

1990'lardan önce işletmelerin bütçe ve mali çerçevelere erişimi vardı. Ancak bunlar genellikle ticari topluluklar ve sanayi şirketleri tarafından geliştiriliyor, genellikle eski, statik bilgilere dayanıyor ve operasyonel göstergeleri, müşterileri veya insanları dikkate almıyordu. BT strateji topluluğu Nolan, Norton & Company'nin kurucularından David P. Norton (1941 doğumlu) ve Harvard Business School'da profesör olan Robert S. Kaplan (1940 doğumlu) bu sorunu çözmek için Balanced Scorecard'ı (BSC) geliştirdi. Strateji ve yönetimi birleştiren bu araç resmi olarak 1992 yılında iki Amerikalı ekonomist tarafından Harvard Business Review'da yayınlanan 'The Balanced Scorecard: Performansı Yönlendiren Ölçütler' başlıklı makaleyle ortaya çıkmıştır.

BSC, yöneticilerin işletmelerinin gelecekteki performansını değerlendirmek için kullanabilecekleri kaynaklara odaklanan (12 ay süren ve birçok farklı şirkette yürütülen) bir çalışmadan elde edilen sonuçların bir özetidir. Norton ve Kaplan'ın projesi, geleneksel performans ölçüm yöntemleri (sadece finansal göstergelere dayalı) ile modern işletmelerin ihtiyaçları arasındaki bariz farklılıklar nedeniyle oluşturulmuştur.

Modelin tanımı

BSC, bir dizi performans göstergesinden hareketle bir işletmenin kısa ve uzun vadeli hedefleri ve stratejileri hakkında kapsamlı bir görüş veren bir puan tablosudur. Bu göstergeler şirketin projelerini ve amaçlarını değerlendirir ve ölçer. Bu yönetim aracının en yenilikçi unsuru, dört temel alana dayanan analizinde yatmaktadır:

- **Finansal perspektif.** Şirket hissedarlarının beklentileri nelerdir?

- Müşteriler, ortaklar ve hissedarlar dahil **olmak üzere insan perspektifi.** Hedeflerine ulaşmak için işletme nasıl algılanmalıdır?

- **Dahili iş süreçleri.** İşletmenin başarılı olması için hangi iş süreçlerinin uygulamaya konulması gerekir?

- **Öğrenme, büyüme ve inovasyon.** Şirket değişim ve yenilikçilik kapasitesini nasıl destekleyebilir?

👁 BILDIĞIM IYI OLDU

Balanced Scorecard, beyzbol ve basketbol maçlarında kullanılan skorbordlardan esinlenmiştir. Uygulandığında, değişkenlerin farklı kombinasyonlarına göre sonuçlar üretir. Skor kartının doğruluğunu değerlendirmek için geriye dönük genel bir analiz de gereklidir.

KONSEPTİN ARKASINDAKİ TEORİ

1980'lerin başında toplumumuz sanayi yerine bilgiye dayalı hale geldi. O andan itibaren işletmeler kendilerini giderek küreselleşen ve müşteri memnuniyetinin büyük bir rekabet avantajı olduğu bir pazara yerleştirmek zorunda kaldılar. Bu durum işletmelerin çalışma şeklini tamamen değiştirdi.

Sonuç olarak, sadece mali ve ekonomik değerlendirme ölçütlerine dayanan bir yönetim sistemine güvenmek zorlaştı. Daha önce kullanılan bütçe çerçeveleri, ticari hedefler, üretim hedefleri ve insan kaynakları gibi pek çok perspektif göz ardı edildiği için yeterli değildi.

Kaplan ve Norton, tüm temel perspektifleri bir araya getiren otomatik bir yönetim aracı önermiştir. Bu perspektiflerin her birinin kendi hedefleri ve performans göstergeleri vardır. Bu göstergeler, işletmelerin düşüşü öngörmek için müdahale etmesi gereken kritik noktaları vurgular. BSC, bu farklı göstergelerin entegrasyonuna ve dengelenmesine olanak tanıyan bir istikrar yaratmıştır.

The Balanced Scorecard (1998) adlı yayınlarında iki ekonomist BSC yaklaşımını uçuş kontrol sistemi ile ilişkilendirmektedir. Verdikleri örnekte feci bir senaryodan bahsederler: Pilot bir uçağı uçururken sadece rüzgar hızına odaklanmakta, yakıt seviyesini ve uçağın irtifasını ihmal etmektedir. Pilot her şeye aynı anda odaklanamadığını açıklayarak uçuşunu haklı çıkarıyor, ancak bu yolcuların hiçbirini rahatlatmıyor.

Aynı şey şirketler için de geçerlidir: kuruluşlarının genel konjonktürünü belirlemek ve kontrol etmek istiyorlarsa yönetimlerinin bazı değişkenlerini ihmal edemezler. Bir uçakta olduğu gibi, hedefi ve bu hedefe nasıl ulaşılacağını net bir şekilde belirlemek için çeşitli araçlara sahip olmak hayati önem taşır.

BSC yöntemi, performansı ölçmek için basit bir araçtan daha fazlasıdır. BSC'nin en dinamik yönü, analiz için dört temel alanın dahil edilmesi ve şirketin mevcut ve gelecek vizyonu arasındaki ilişkidir. Tüm perspektifler, nihai sonuçları tanımlayan ve gerçek sonuçlar ile başlangıçtaki hedefler arasındaki farkları açıklayan, bazen 'nedensellik zinciri' olarak adlandırılan neden ve sonuç arasındaki ilişki ile birbirine bağlıdır. Kurumsal Karne uzun vadeli stratejik yönetim için bir sistem olarak kullanılır.

Bu sistemin yaratıcıları, bir işletmenin performansı üzerinde etkisi olduğuna inandıkları birbirine bağlı dört performans alanı tanımlamaktadır:

- **Ekonomik perspektif.** Paydaşlarımız tarafından nasıl algılanıyor?

- **Müşteri bakış açısı.** Müşteriler memnun mu?

- **İç iş süreçleri.** Şirket içinde hangi alanda mükemmel? Güçlü yönleri nelerdir? Şirketin hedeflerine ulaşması için hangi iş süreçleri devreye sokulmalıdır?

- **Öğrenme, büyüme ve inovasyon.** Şirket adaptasyon, inovasyon ve büyüme kapasitesini desteklemek ve geliştirmek için ne yaptı?

Her bir perspektif şu göstergeleri içerir:

- Hedefe ulaşmak için gereken kaynakları hesaplama yöntemi;
- Şirketin kendi performansını değerlendiren sonuçlar.

FİNANSAL PERSPEKTİF

Bu bakış açısı, bir işletmenin uzun vadeli hedefinin her zaman hissedarları için getiriyi maksimize etmek olduğu varsayımına dayanır. Bunun gerçekleşmesi için işletmenin gelir artışı ve verimliliği hedefleyen farklı stratejiler kullanması gerekir.

Çoğu zaman, mali hedefler şunları içerir:

- gelir artışı (nakit akışı, ticari faaliyetlerden elde edilen likidite, ciro, vb.)
- geliştirilmiş üretkenlik ve marjlar
- maliyet düşüşleri
- varlıkların etkin kullanımı
- optimize edilmiş risk yönetimi, vb.

Elbette, işletmelerin finansal hedefleri, gelişim aşamalarına (büyüme, gelişme ve olgunluk) ve stratejik hedeflerine (gelir ve ürün pazar paylarında artış, maliyet azaltma ve/veya verimlilik artışı, işletme varlıklarının daha iyi kullanımı ve daha iyi yatırım getirisi) göre önemli ölçüde değişmektedir.

MÜŞTERİ BAKIŞ AÇISI

Bu bakış açısı, yöneticilere çeşitli ticari faaliyetler ve her bir faaliyete özgü tüketici ve iş ortağı segmentleri hakkında kapsamlı bir görüş sağlar. Ürünlerin müşteri beğenisini ve müşterinin ihtiyaçlarını karşılamaya yönelik ticari prosedürlerin verimliliğini ölçebilirler.

İşletme, stratejisini uyarlar ve 'akılda kalan' şirket (hedef tüketiciye göre pazarda lider) olmak için gerekli olduğunu düşündüğü adımları atar: ürün veya hizmet kadar fiyatlandırma ve kaliteye de odaklanır.

Sonuçların ve araçların ortak göstergeleri şunlardır:

- pazar payları
- müşteri sadakati
- yeni müşteri sayısı
- müşteri memnuniyeti seviyesi
- segment karlılığı
- müşteri kazançlari
- şikayet sayısı, vb.

İdeal olan, işletmenin faaliyet gösterdiği alanların her birinde performans göstergelerini ve hedeflerini tanımlamasıdır. Bununla birlikte, bu göstergelerin çoğu sonradan tanımlanan (post-hoc) göstergelerdir. Bunu düzeltmek için yöneticilerin üç değişkene bağlı benzersiz bir değer önerisi yaratmaya da odaklanması gerekir:

- bir ürün veya hizmetin nitelikleri

- müşteri ile ilişki

- İşletmenin imajı ve itibarı.

Bu temelde, yöneticiler her zaman hedef müşterileri için üstün bir değer önerisi geliştirmeyi amaçlamalıdır.

DAHİLİ İŞ SÜREÇLERİ

Bu bakış açısı yöneticiye işletmenin iç işleyişine dair genel bir bakış sunar. Müşteri memnuniyetini (doğrudan veya dolaylı olarak) sağlayan iç süreçleri ve şirketin üstün olduğu temel becerileri ve alanları tanımlar.

Her bir faaliyet, değerin yaratıldığı ve müşteriye ulaştırıldığı bir değer zincirine karşılık gelir. İş süreçlerinin dikkate alınması, yöneticinin bunları iş hedeflerine ve müşteri beklentilerine göre tutarlı bir şekilde düzenlemesini sağlar.

İşletmelerin çoğunda değer zinciri şunlardan oluşur:

- Mevcut süreçlerin etkinliğine (verimlilik, zaman, maliyetler, vb.) odaklanan **operasyonel** süreçler;

- Kuruluşun **inovasyon** kapasitesi üzerinde önemli **bir** etkiye sahip olan inovasyon **süreçleri**: müşterinin gelecekteki ihtiyaçlarına ve benzersiz değer önerilerinin nasıl yaratılacağına odaklanırlar;

- Tüketicilerin işletmeyle nasıl temas ettiğine odaklanan **teslimat ve dağıtım süreçleri**; deneyimlerinin mümkün olduğunca iyi olmasını sağlamak.

Karnenin bu perspektifi, şirketteki iş süreçlerinin performansını dikkate alarak bunları mevcut ve gelecekteki müşteri beklentileriyle uyumlu hale getirir. İnovasyon süreçleri, iş prosedürleri ve teslimat ve dağıtım süreci ile ilgili göstergeleri tanımlar.

ÖĞRENME, BÜYÜME VE YENİLİKÇİLİK

Bu perspektif, diğer üç perspektifin düzgün bir şekilde gelişmesi için gereken ortamı göz önünde bulundurması açısından önemlidir. Bir şirketin finansal, müşteriyle ilgili ve süreçle ilgili hedeflerine ulaşma kabiliyetinin doğrudan yenilik yapma, yeni beceriler uygulama ve büyüme kabiliyetine bağlı olduğunu varsayar.

Bu perspektif için kullanılan göstergeler temel olarak üç geniş kategoriyle ilgilidir:

- **Personel.** Şirket personelinin yetkinlikleri şirketin performansı üzerinde doğrudan bir etkiye sahiptir. Şirketin ihtiyaçlarına (mevcut ve gelecekteki) mümkün olduğunca cevap vermelidirler. En yaygın kullanılan göstergeler personel memnuniyeti, eğitim ihtiyaçları, personel devir hızı vb. ile ilgilidir.

- **Bilgi sistemleri.** Bir şirketin uygun bilgi teknolojisini kullanma becerisi çok önemlidir. İş ihtiyaçları ile teknolojik performans ve süreçler arasındaki tutarlılığı analiz etmek önemlidir.

- **Organizasyonel tutarlılık.** Karar alma sürecinin müşterilerin beklenti ve ihtiyaçlarına uygunluğu, iyi eğitimli personelin performans göstermesi için çok önemlidir. Personel aynı zamanda şirketin itici gücü olmalı ve karar alma sürecinin merkezinde yer almalıdır.

Çalışanların hareket özgürlüğünü ve karar özerkliğini korumalarına olanak tanıyan uyumlu bir ortam yaratmak esastır.

Balanced Scorecard teknoloji, insan ve süreçlere gerekli yatırımların planlanmasını ve uygulanmasını sağlar. Bir işletmenin bu yönü hakkında bilgi sağlayan göstergelerin mevcudiyeti önemlidir çünkü şirketin gelecekteki büyümesi doğrudan yenilik yapma, uyum sağlama ve fırsat yaratma becerisine bağlıdır.

MODELİN SINIRLARI

Balanced Scorecard, verimli ve etkili bir işletmenin yönetimi ve kontrolü için bir araç olarak tanıtılmış olsa da, sistem dinamikleri alanındaki bazı bilimsel uzmanların çekinceleri vardır. Henk Akkermans ve Kim van Oorschot (Hollandalı uzmanlar) ve Barry Richmond (Amerikalı nöropsikolog, 1947-2002) modelin geçerliliğini sorgulamaktadır. BSC'nin sınırları üç noktada özetlenebilir:

- **Bazı paydaşlar ihmal edilmiştir.** Karne, şirketin tüm paydaşlarını hesaba katmaz. Bu, modelin başarısızlığından çok, genellikle bir uygulama sorunudur. Kurumsal Karneyi uygulayanlar genellikle bunu bir 'mucize çözüm' olarak uygulamakla sınırlı kalmaktadır. Model esas olarak hissedarlara ve müşterilere odaklandığından, yöneticiler tedarikçiler gibi şirket paydaşlarını ihmal edebilir. Bu nedenle her şirketin Kurumsal Karnesini hazırlarken kendi özelliklerini göz önünde bulundurması uygun olacaktır.

- **Var olmayan bir nedensellik zinciri.** Balanced Scorecard modelinin varsayımlarından biri de bir nedensellik bağı olduğudur. Barry Richmond gibi bazı uzmanlar, neden-sonuç ilişkisinin kurulmasındaki basitliği eleştirmektedir. Ayrıca modelin statik olduğunu ve şirketin gelecek planlarını dikkate almadığını savunmaktadırlar.

- **Entegre edilmemiş bir dış çevre.** BSC bazı dış değişkenleri içermesine rağmen, yeterince içermemektedir. Uygulamada, entegre göstergeler çoğunlukla sadece işletmenin iç unsurlarına atıfta bulunmakta ve içinde geliştiği çevrenin etkisini tamamen hafife almaktadır.

UYGULAMA

TAVSİYE

Norton ve Kaplan çok satan kitapları *The Balanced Scorecard'da* (1996) sistematik gelişim için dört adımlı bir plan önermektedir. Bu plan BSC'nin uygulanması için bir temel teşkil eder, ancak her işletmenin kendine özgü olduğunu ve yöntemin farklı sistemlere uyarlanması gerektiğini unutmamalısınız.

Birinci Adım – Stratejiyi stratejik hedeflere dönüştürmek

Balanced Scorecard'ın geliştirilmesinde temel alınacak operasyonel birimi (yani şirketin belirli bir departmanını) seçin. Tutarlı, özerk bir strateji formüle etmek için, inovasyon, üretim, pazarlama, satış ve hizmet dahil olmak üzere tüm süreç zincirine bakarak etkilenen bir birim belirlemek tavsiye edilir. Genel olarak, hedeflerine ulaşmak için bir stratejisi olan bir iş birimi, Kurumsal Karne için kabul edilebilir bir adaydır.

Operasyonel birim seçildikten sonra, bu birimin yöneticileri, şirket tarafından ve şirket için benimsenen hedefleri ve tedbirleri bir araya getirecek temel bilgileri kendi departmanları içinde belirlemelidir. Özellikle, finansal hedefleri (temel olarak büyüme ve karlılık), değerleri ve şirketin bakış açısını (çevre ve personel güvenliği, yenilikçilik ve rekabetçilik) ve son olarak da çeşitli paydaşlar (müşteriler, tedarikçiler, çalışanlar, vb.) arasındaki ilişkileri belirlemeleri gerekir.

İkinci Adım – Hedeflerin ve göstergeler ile stratejik hedefler arasındaki bağlantıların iletilmesi

İkinci aşama üç aşamaya ayrılmıştır. Birincisi, tartışmaları teşvik etmek için operasyonel birim yöneticilerine BSC'nin bir taslağını sunmaktır. Yöneticiler ve 'mimar' (BSC'nin pilot uygulamasını yapan kişi) arasındaki bu düşünme ve yapıcı alışveriş zamanı, her iki tarafın da neyin önemli olduğunu düşündüğünün daha iyi anlaşılmasını sağlar.

Bu bilgileri topladıktan sonra yöneticiler, potansiyel proje hedeflerinin bir listesini oluşturmak için bir sentez aşamasından geçmelidir. Bu noktada, farklı iş hedefleri arasındaki neden-sonuç ilişkisini analiz etmek zaten önemlidir.

Son aşama, Kurumsal Karne için ilk mutabakatın oluşturulmasıdır. Üç veya dört ana hedefi (ekonomik/finansal, müşteri, iç süreçler ve öğrenme/yenilikçilik) belirlemek ve her bir hedef için olası ölçümlerin ayrıntılı bir tanımını sunmak için her bir hedef yürütme komitesi tarafından ayrı ayrı tartışılır. Bu aşamada, eğer proje ve strateji etkili olursa, tek bir soru vardır: Hissedarlar, müşteriler, iç süreçler ve şirketin büyümesi için potansiyel sonuçlar neler olabilir? Başka bir deyişle, farklı stratejik hedeflere göre her bir stratejinin/faaliyetin neden ve sonuçlarını nasıl belirleyebiliriz?

Üçüncü Adım – Planlama, hedef belirleme ve stratejik amaçlar belirleme

Yöneticiler, bazı hedef formülasyonlarını yeniden ele almak, fikirleri karşılaştırmak, önerilen önlemleri uygulamak için gereken bilgi kaynaklarını (ve erişimi) belirlemek ve etkilerini tahmin etmek için bir önceki aşamada hazırlanan özeti alt grupların her birine dağıtır.

Projenin 'mimarı' daha sonra ekibiyle birlikte stratejik hedeflere en iyi karşılık gelen BSC ölçümlerini seçer ve her stratejiye bir tane tahsis eder. Ancak, bazı göstergeler – gelir, satış vb. – tüm BSC'ler için ortaktır. Bu çalışma aşağıdakilerin yapılmasını içerir:

- Alt gruplara ve sorumlu oldukları sektöre göre ayrıntılı bir hedef listesi;

- her bir ölçümün nicelik ortalamalarının bir gösterimi;

- Farklı sektörlere göre tedbirler ve/veya hedefler arasındaki bağlantıyı gösteren bir grafik.

Yürütme komitesi tüm yönetim üyeleri, doğrudan işbirlikçiler ve aracılarla ikinci kez toplanır. Bu oturumun amacı projeyi, şirketin stratejik yönelimlerini ve hedeflerini ve BSC için önerilen önlemleri yeniden analiz etmektir (bu kez özellikle büyük bir şirkette daha fazla sayıda katılımcı ile). Bu tartışmalardan ve analizlerden yola çıkarak, Kurumsal Karnenin yeni hedeflerini ve içeriğini tüm çalışanlara iletmek için bir bilgilendirme broşürü hazırlanır. Asıl zorluk, çalışanları önerilen her bir tedbir için iddialı hedefler belirlemeye teşvik etmektir.

Dördüncü Adım – Geri bildirimin teşvik edilmesi ve süreçlere uyarlanması

Bu aşamada BSC projesi hazırdır, onaylanmıştır ve şirket genelinde anlaşılmıştır. Şimdi, ilk iki icra kurulu toplantısında tanımlanan hedeflere ulaşmak için tedbirlerin uygulanmasına yönelik bir plana ihtiyaç vardır. Tedbirler ve veri tabanları arasındaki bağlantı unutulmamalıdır, böylece tüm şirket seviyeleri süreçten haberdar olur ve başlangıçtaki tedbirlerin olası uzantılarını düşünebilir. BSC'yi etkili ve işlevsel kılmak için alınan geri bildirimlere dayalı olarak uygulanan göstergeleri ve tedbirleri uyarlamak önemlidir.

Yürütme komitesinin üçüncü ve son toplantısında nihai proje, hedefleri ve tedbirleri onaylanır. Burada, hedeflere ulaşmak için gereken ilk önlemler ve girişimler de seçilir. Toplantının sonunda komite, nihai programı çalışanlara ve şirketin yönetim sistemine nasıl entegre edileceğini de bildirir. Bu adım süreci tamamlar ve BSC'yi etkili hale getirir. Yönetim sistemine entegre edilir, böylece yöneticiler BSC tarafından belirlenen önceliklere odaklanabilir.

Sonuç

Bu açıklama bir Kurumsal Karnenin adım adım geliştirilmesini göstermektedir. Açıkçası bu yöntem, modeli uygulamak isteyen işletme veya kuruluşun türüne ve özellikle de büyüklüğüne göre değişmektedir. Benzer şekilde, önlemlerin uygulanmasına yönelik zamanlama da kuruluşa, karar alma toplantılarına katılanların gereksinimlerine ve her türlü engele göre farklılık gösterir: insan perspektifi (motivasyon, beceri ve personel uyumluluğu, üyeler arasında fikir birliği, vb), güvenilirlik veya göstergeler ve bilgi toplamak için gereken süre.

Genel olarak Norton ve Kaplan, bir BSC taslağının hazırlanmasının 16 hafta sürmesini tavsiye etmektedir. Bu süre, yönetim ekibi üyelerinin – tüm zamanlarını bu projeye ayırmadıkları için fırsat bulduklarında – projenin yapısal gelişimi, strateji ve bilgi sistemi ile yönetim süreçleri üzerindeki etkisi hakkında düşünmelerine olanak tanır.

ÖRNEK OLAY İNCELEMESİ – MİCROSTART

Bağlam

Bu vaka çalışması, kâr amacı gütmeyen bir kuruluş olan microStart işletmesini analiz etmektedir. Bu örnekte, Dengeli Puan Kartının microStart'a uygulanması, finansal bakış açısının uyarlanmasını içermektedir.

ŞİRKET

microStart 2010 yılından bu yana mikro-finans alanında faaliyet gösteren aktif bir kuruluştur. Şirket, geleneksel bankacılık sisteminin dışında kalan kişilerin kendi işlerini kurmalarına yardımcı olmaktadır. microStart, 1976 yılında 2006 Nobel Barış Ödülü'nü alan Muhammed Yunus (Bangladeşli ekonomist, 1940 doğumlu) tarafından kurulan Grameen Bank'ın muazzam başarısından esinlenmiştir. Grameen Bank modeli 1980'lerin sonunda Maria Nowak (mikro kredi konusunda uzman ekonomist, 1935 doğumlu) tarafından Avrupa'ya uyarlanmış ve 1989 yılında Fransa'da Ekonomik Girişim Hakkı Derneği'ni (Adie) kurmuştur. Adie bugün Batı Avrupa'da lider konumdadır.

2010 yılında Adie ve BNP grubunun Belçika'daki iştiraki ve Belçika'daki ilk banka olan BNP Paribas Fortis, microStart SCRL-FS'yi oluşturmak için birlikte çalıştı. Pilot program, Brüksel'deki girişimcilere yenilikçi bir yanıt sağlamak üzere tasarlanmıştır.

Saint-Gilles ve Schaerbeek'te (Brüksel bölgesindeki iki belediye) faaliyet gösteren microStart'ın 9 çalışanı ve 50 gönüllüsü bulunmaktadır. Dernek tarafından bugüne kadar 350 kredi (geri ödeme oranı %95) verilmiştir.

microStart'ın vizyonu ve misyonu, kuruluşun üyelerine ve yararlanıcılarına odaklanmaktadır:

- **Vizyon:** Geleneksel bankacılık sisteminden dışlananların krediye erişimini sağlamak ve girişimci fikirlerin yaratılmasını ve geliştirilmesini desteklemek.

- **Görevimiz:**

  - Geleneksel bankacılık sisteminin dışında kalan ve bağımsız bir faaliyet yaratmak veya geliştirmek isteyen mikro girişimcileri finanse etmek;

  - Sürdürülebilirliği sağlamak için mikro girişimcileri işlerini kurmadan önce, kurarken ve kurduktan sonra desteklemek;

- Mikro-kredi ve girişimciliğin kurumsal ortamının iyileştirilmesine katkıda bulunmak.

microStart'ın Kurumsal Karnesi

microStart için Balanced Scorecard önemli bir programlama ve yönetim aracıdır. Günlük olarak kullanılan bu araç, önemli kararlar alınırken bir referans görevi görür. Ayrıca, stratejisini uzun vadede geliştiren microStart kuruluşu, Balanced Scorecard'ını belirlemek için esas olarak inovasyon ve insan perspektiflerine odaklanmaktadır. Yöneticilere işletmenin genel bir görünümünü sunmak için microStart, müşteri perspektifi, iç süreçler ve öğrenme de dahil olmak üzere birçok gösterge aracılığıyla misyonlarını ve değerlerini sunar. Doğal olarak, tüm kuruluşlarda olduğu gibi, microStart'ın da performansını sürekli olarak değerlendirmesi gerekmektedir.

Dört perspektifin genel analizi ve çapraz sorgulaması bize işletmenin tam bir değerlendirmesini verir. Her perspektifin faaliyetlere yansıyan çeşitli stratejik hedefleri vardır. Bu faaliyetler daha sonra çeşitli icra komitesi toplantıları sırasında seçilen göstergelerle ölçülür.

- **Finansal perspektif.** microStart, yeni işletmeleri desteklemek için gerekli finansal kaynakları krediler için kullanılabilir hale getirerek etkin maliyet yönetimi sağlar.

  - Amaç: kredi için finansal kaynakların kullanılabilir hale getirilmesi

  - Yönetici: microStart SCRL-FS

- ○ <u>Kullanılan ve uygulanan göstergeler</u>: geri ödeme oranları ve müşteri portföyü

- **Müşteri perspektifi.** microStart, müşteri sayısını artırmak, mevcut müşteri ihtiyaçlarını karşılamak (kredi imkanı, geri ödeme koşulları, kolaylık ve koşullara uygunluk, koçluk ve eğitim) ve ekonomik, finansal ve sosyal durumu iyileştirmek istemektedir.

  - ○ <u>Hedefler</u>: müşteri sayısını artırmak, beklentilerini karşılamak, eğitim vermek

  - ○ <u>Yönetici</u>: microStart SCRL-FS

  - ○ <u>Kullanılan ve uygulanan göstergeler</u>: mevcut müşteri sayısı, müşteri sadakati, şikayet sayısı, ağızdan ağıza iletişim yoluyla edinilen yeni müşteri sayısı, eğitim verilen müşteri sayısı, vb.

- **İç süreçler perspektifi.** Kuruluş için en önemli hususlar, bu durumda, yönetişimin kontrolü, sosyal sorumluluk ve microStart SCRL-FS ile kar amacı gütmeyen bir kuruluş olarak microStart arasındaki homojen geçiştir.

  - ○ <u>Hedefler</u>: yönetişim ve sosyal sorumluluk

  - ○ <u>Yönetici</u>: microStart SCRL-FS

  - ○ <u>Kullanılan ve uygulanan göstergeler</u>: Genel Kurul'da eğitim alan üye sayısı

- **Öğrenme ve inovasyon perspektifi.** microStart, motivasyonlarını artırmak ve kar amacı gütmeyen kuruluşun stratejik hedefine uygun bir kurum kültürü geliştirmek için çalışanlarını eğitmeye önem vermektedir.

- Hedefler: motivasyon, personel çeşitliliği, eğitimler

- Yönetici: microStart SCRL-FS ve kar amacı gütme-yen kuruluş.

- Kullanılan ve uygulanan göstergeler: personel devri, çalışan memnuniyetinin analizi, gönüllü personel tarafından çalışılan saat sayısı.

ÖZET

- Balanced Scorecard, 1992 yılında David P. Norton ve Robert S. Kaplan tarafından oluşturulan bir strateji ve yönetim aracıdır.

- BSC, iş yönetiminin performansını değerlendirmek ve iyileştirmek için yeni bir yöntemdir.

- Bu yenilikçi yaklaşım, finansal sonuçlara, müşterilere, şirket içi süreçlere ve şirket içindeki öğrenme kavramına odaklandığı için yöneticilere işletmenin kapsamlı bir görünümünü sunar. Dört perspektifin çapraz sorgulanması, paydaşların şirketin tüm özelliklerinden haberdar olduğu ve hiçbir yönün göz ardı edilmediği anlamına gelir.

- Tüm perspektifler bir neden-sonuç ilişkisiyle birbirine bağlıdır ve nihai sonuçlar, gerçekleri rakamlarla yansıtan özel göstergelerden hesaplanır.

- Balanced Scorecard uzun vadeli bir stratejik yönetim sistemi olarak kullanılmaktadır.

- Bazı ekonomistler modelin sınırlılıklarının altını çizmektedir: bazı paydaşlar ihmal edilebilir, neden-sonuç ilişkisi mevcut değildir ve dış çevre entegre edilmemiştir.

DAHA FAZLA OKUMA

KAYNAKÇA

Akkermans, H. ve van Oorschot, K. (2005) Relevance Assumed: Sistem Dinamikleri Kullanarak Kurumsal Karne Geliştirme Üzerine Bir Vaka Çalışması. *Journal of the Operational Research Society*. 56(8). pp. 931-941.

De Visscher, A., Robberechts, M. ve Shyirambere, J. (2013) microStart Sosyal Performans ve Etki Analizi için Temel Performans Göstergeleri. *microStart*.

Guillot, L. (Tarih yok) *Balanced Scorecard*. [Çevrimiçi]. [Erişim tarihi: 16 Haziran 2014]. Erişim adresi: < http://lionelguillot.typepad.com/scmblog/files/rapport_bsc.pdf>

Kaplan, R. S. ve Norton, D. P. (1996) *The Balanced Scorecard: Stratejinin Eyleme Dönüştürülmesi*. Boston: Harvard Business School.

Kaplan, R. S. ve Norton, D. P. (1998) *Le Tableau de bord prospectif. Pilotage stratégique : les 4 axes du succès*. Paris: éditions d'Organisation.

Olve, N-G., Petri, C-J., Roy, J. ve Roy, S. (2003) *Making Scorecards Actionable: Strateji ve Kontrolün Dengelenmesi*. Chinchester: Wiley.

Richmond, B. (1994) Sistem Dinamikleri / Sistem Düşüncesi. Hadi İşimize Bakalım. *System Dynamics Review*. 10(2-3).

Tonchia, S. ve Quagini, L. (2010) *Performans Ölçümü. Balanced Scorecard'ı İş Zekasına Bağlamak*. Berlin: Springer.

50MINUTES.com

MASLOW'S HIERARCHY OF NEEDS

Gain vital insights into how to motivate people

Personal accomplishment
Esteem
Belonging
Security
Physiologic

THE SWOT ANALYSIS

A key tool for developing your business strategy

Internal factors
Strengths
Weaknesses
SWOT
Opportunities
Threats
External factors

Yayıncı, yayınlanan bilgilerin güvenilirliğini garanti eder,
ancak sorumluluğunu üstlenemez.

Ana ISBN: 9782808600576
Kağıt ISBN: 9782808602020
Yasal depozito: D/2022/12603/203

Dijital tasarım: Primento,
yayıncıların dijital ortağı.